BEI GRIN MACHT SICH IHR WISSEN BEZAHLT

AF136194

- Wir veröffentlichen Ihre Hausarbeit,
  Bachelor- und Masterarbeit

- Ihr eigenes eBook und Buch -
  weltweit in allen wichtigen Shops

- Verdienen Sie an jedem Verkauf

Jetzt bei www.GRIN.com hochladen
und kostenlos publizieren

Operatives Krankenhausmanagement. Chancen und Risiken des Prozessmanagements

Stephanie Krüger

Bibliografische Information der Deutschen Nationalbibliothek:

Die Deutsche Nationalbibliothek verzeichnet diese Publikation in der
Deutschen Nationalbibliografie; detaillierte bibliografische Daten sind
im Internet über http://dnb.d-nb.de abrufbar.

ISBN: 9783346655141
Dieses Buch ist auch als E-Book erhältlich.

© GRIN Publishing GmbH
Nymphenburger Straße 86
80636 München

Druck und Bindung: Books on Demand GmbH, Norderstedt Germany
Gedruckt auf säurefreiem Papier aus verantwortungsvollen Quellen

Das vorliegende Werk wurde sorgfältig erarbeitet. Dennoch
übernehmen Autoren und Verlag für die Richtigkeit von Angaben,
Hinweisen, Links und Ratschlägen sowie eventuelle Druckfehler keine
Haftung.

Das Buch bei GRIN: https://www.grin.com/document/1214973

OPERATIVES KRANKENHAUS-MANAGEMENT

Einsendeaufgabe
Alternative B

Abgegeben am: 28.03.2022
SRH Fernhochschule

Stephanie Krüger
Studiengang: Gesundheitsmanagement (B.A.)

Inhaltsverzeichnis

Abkürzungsverzeichnis

bspw. .... *beispielsweise*

bzw. .... *beziehungsweiese*

EFQM .... *European Foundation for Quality Management*

ggf. .... *gegebenenfalls*

KTQ .... *Kooperation für Transparenz und Qualität im Gesundheitswesen*

P4P .... *Pay-for-Performance*

z.B. .... *zum Beispiel*

Abbildungsverzeichnis

Aufgabe 1

Bei der Erstellung medizinischer Leistungen in Gesundheitsbetrieben durchlaufen Patienten in der Regel verschiedene Stationen bzw. Behandlungsbereiche, sodass deren Behandlung sich nicht auf eine Organisationseinheit beschränkt. Diese Differenz zwischen organisatorischer Zuständigkeit und Behandlungsabläufen kann zu Problemen führen, welche es zu überwinden gilt. Hierzu dient das Prozessmanagement.[1]

Ein Prozess ist die strukturierte Folge von Verrichtungen, welche in ziel- und sinnorientierter Beziehung zueinander stehen. Zudem dienen die Verrichtungen der Aufgabenerfüllung mit definierten Ein- und Ausgangsgrößen, unter Beachtung zeitlicher Gegebenheiten. Dabei kann die Erfüllung der Aufgaben sowohl einen monetären als auch einen nicht monetären Mehrwert beinhalten.[2] In jedem Krankenhaus gibt es Prozesse, die koordiniert und verbessert werden können. Das Prozessmanagement fokussiert die Behandlungsprozesse funktionsübergreifend. Es beinhaltet alle planerischen, organisatorischen und kontrollierenden Maßnahmen, die zur zielgerichteten Steuerung der Wertschöpfungskette eines Unternehmens in Bezug auf die Zielsetzungen Kosten, Zeit, Qualität, Innovationsfähigkeit und Kundenzufriedenheit eingesetzt werden.[3] Die Kundenzufriedenheit als Ergebnis bildet die Spitze des Prozessmanagements. Die Säulen Qualitäts-, Zeit- und Kostenmanagement dienen der Erreichung der Kundenzufriedenheit und sind auf der Prozessstrukturtransparenz und der Prozessleistungstransparenz aufgebaut.[4] Primäres Ziel der Prozessstrukturtransparenz ist die logische und zeitliche Visualisierung der Prozessabläufe, um allen Beteiligten, vom Mitarbeiter bis hin zur Managementebene, die jeweils relevanten Prozesse aufzuzeigen.[5] Die Prozessleistungstransparenz gestaltet die Faktoren Qualität, Zeit und Kosten so, dass die erbrachte Leistung den Anforderungen des Patienten entspricht.[6]

---

[1] Vgl. Rogowski (2020) S. 147
[2] Vgl. Zapp und Ahrens (2017) S. 48
[3] Vgl. Haller (2017) S. 118
[4] Vgl. Lorenz (2006) S. 13
[5] Vgl. Lasch (2021) S. 96
[6] Vgl. Bechtel et al. (2017) S. 171

4

Der medizinische Versorgungsprozess weist eine hohe Komplexität mit mehreren unterschiedlichen Fachdisziplinen und somit einer größeren Zahl an Schnittstellen aus. Diese können eine hohe Ineffektivität mit sich bringen und sind eine potenzielle Fehlerquelle. Das Schnittstellenmanagement ist demnach ein wichtiger Bestandteil des Prozessmanagements, da mit dessen Hilfe die Wertschöpfungskette optimiert wird, indem Zeit- und Qualitätsverluste minimiert werden.[7]

In Krankenhäusern stehen bei der Prozessorganisation nicht die Abteilungen im Mittelpunkt des betrieblichen Handelns, sondern deren Behandlungsprozesse bzw. die Patienten. Klinische Behandlungspfade bieten eine effektive Möglichkeit, die gesamten Anforderungen an Kosten, Qualität und Zeit zu berücksichtigen. Es hat eine ganzheitliche Behandlungsqualität unter Berücksichtigung der Elemente Zeit- und Kosteneffizienz zum Ziel. Es beschreibt und misst wesentliche, entscheidende ärztliche sowie pflegerische Maßnahmen indikations- und ggf. fallbezogen in einem Behandlungsprozess eines definierten Krankheitsbildes.[8] Er kann also als multidisziplinärer Behandlungsfahrplan, der die einzelnen Behandlungsstationen, die ein Patienten von der Aufnahme bis zur Entlassung durchläuft, verstanden werden. Die Berufsgruppen, die an der Behandlung eines Krankheitsbildes beteiligt sind, erstellen diesen gemeinsam und wenden ihn anschließend an. Das Team legt fest, in welcher Reihenfolge wer was bis wann und mit welchem Ziel erledigen soll. Dabei ist zu berücksichtigen, dass er für einen Großteil der Patientengruppe (ca. 80%) zutreffen soll. Verläuft die Behandlung anders als es der Pfad vorgibt, wird die Abweichung dokumentiert. So können bei gehäuft auftretenden Abweichungen derselben Art, Rückschlüsse auf mögliche organisatorische Defizite gezogen werden. Daher ist der Behandlungspfad ein ausgezeichnetes Instrument, um Behandlungsprozesse zu evaluieren und kontinuierlich zu verbessern.[9] Zudem führt er nacheinander oder parallel bestimmte Prozessschritte auf, daher erfolgt er prozessorientiert.[10]

---

[7] Vgl. Haller (2017) S. 117
[8] Vgl. Greiling (2003) S. 19
[9] Vgl. Roeder (2007) S. 23
[10] Vgl. Schurr (2007) S. 108

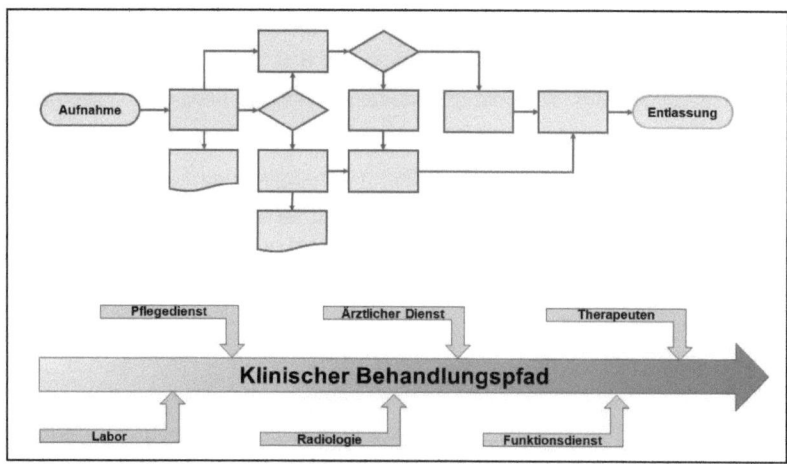

Abbildung 1: Aufbau eines klinischen Behandlungspfades

(Quelle: eigene Darstellung in Anlehnung an (Schmid 2022))

Wie in Abbildung 1 zu sehen ist, durchläuft ein Patient während seines Aufenthaltes im Krankenhaus viele verschiedene Fachbereiche. Je nach Krankheitsbild und Verlauf können z.B. die Radiologie, die Funktionsdiagnostik, das Labor oder Therapeuten an der Behandlung beteiligt sein. Die Prozesse der einzelnen Fachbereiche sind untereinander durch Schnittstellen miteinander verknüpft. Bei einer solchen Vielfalt, wie sie in Krankenhäusern auftritt ist es daher wichtig, dass die Prozesse gut ineinandergreifen, um eine optimale Behandlung zu gewährleisten, nicht nur zu Gunsten des Patienten, sondern auch des Unternehmens. Es wird deutlich, dass klinische Behandlungspfade und Prozessmanagement in einer Wechselbeziehung stehen.

Abbildung 2 zeigt einen klinischen Behandlungspfad am Beispiel einer proximalen Femurfraktur, welcher im Folgenden vereinfacht erläutert wird. Dieser soll nochmal verdeutlichen, dass sich klinische Behandlungspfade und Prozessmanagement gegenseitig bedingen. Erleidet ein Patient ein Trauma, wird er zunächst in der Notaufnahme zur Untersuchung aufgenommen. Besteht der Verdacht auf eine Femurfraktur, durchläuft er zur weiteren Diagnostik die Radiologie. Kann diese die Fraktur bestätigen, ist eine Operation die nächste Indikation zur Behandlung. Anhand des Verlaufes der Operation wird entschieden, ob der Patient zunächst auf die Intensivstation zur engmaschigen Überwachung und erst nach Stabilisierung auf die Unfallchirurgie verlegt wird. In beiden Fachbereichen ist das Ärzte- und Pflegeteam sowie andere Abteilungen wie die Physiotherapie, die Pflegeüberleitung oder ggf. der Sozialdienst bis zur Entlassung an der weiteren Versorgung der Patienten beteiligt. Danach geht die Akte des Patienten in das Controlling, wo die Abrechnung erfolgt.

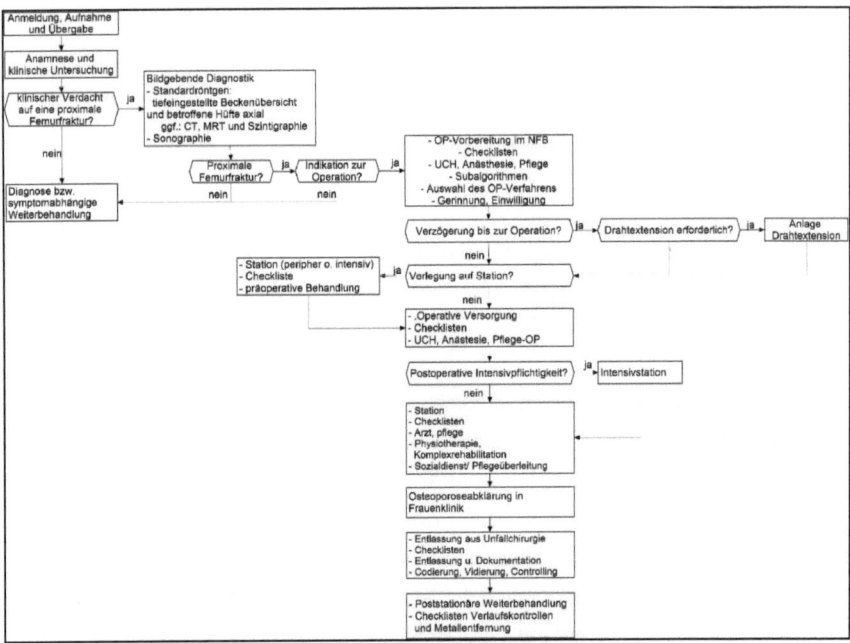

Abbildung 2: Klinischer Behandlungspfad einer proximalen Femurfraktur

(Quelle: eigene Darstellung in Anlehnung an (Biber 2010) S. 37)

Es wird deutlich, dass Patienten während ihres Aufenthaltes viele verschiedene Abteilungen durchlaufen, welche untereinander Schnittstellen bilden. Um also eine optimale Versorgungs- und Behandlungsqualität gewährleisten zu können, ist es wichtig, dass alle Prozesse der Behandlungsphase gut aufeinander abgestimmt sind und die Schnittstellen gut zusammenarbeiten.

Pay-for-Performance (P4P) beinhaltet, dass Krankenhäuser bei Erreichen einer bestimmten Quote unterschiedlicher Qualitätsindikatoren, die vorher festgelegt wurden, entsprechend honoriert werden. So soll der Outcome verbessert werden.[11] Der Ansatz kann für unterschiedliche Ziele eingesetzt werden, z.b. können Voraussetzungen für gute Behandlungsprozesse definiert oder an guten Behandlungsergebnissen angeknüpft werden. Werden die Ziele erreicht, werden Erfolgsprämien an die Einrichtungen ausgeschüttet.[12]

Dies motiviert Leistungserbringer, eine qualitativ hochwertige Behandlung durchzuführen, was wiederrum in der Versorgung eine Qualitätsverbesserung mit sich bringt und Behandlungs- und Medikationsfehler durch den Einsatz evidenzbasierter Medizin reduziert. Insgesamt wird also die Behandlungsqualität optimiert. Neben dieser werden auch die Kosten optimiert, da die Wahrscheinlichkeit für Folgeerkrankungen oder Komplikationen gesenkt wird.

Des Weiteren schafft P4P aufgrund der langfristigen Messung der Qualitätsindikatoren und der Veröffentlichung der Leistungsdaten mehr Transparenz im Gesundheitswesen.[13] Die Transparenz über die Qualität von Gesundheitsdienstleitern sowie Public Reporting und die Meinung der Patienten sollen bei der Vergütung der Ärzte eine Rolle spielen und Patienten ermöglichen sich zu informieren und Leistungsanbieter zu wählen, die bessere Qualität bieten als der Durchschnitt. Zudem werden Anbieter mit besonders hoher Qualität durch Zuweiser bevorzugt und Leistungsanbieter fühlen sich durch die Ergebnisse der Veröffentlichung von Qualitätsdaten in ihrer Reputation bedroht, wodurch sie Qualitätsverbesserungsmaßnahmen verstärken. Der Qualitätswettbewerb unter den einzelnen Dienstleistern soll so vorangebracht werden.[14]

---

[11] Vgl. Thielscher (2015) S. 734
[12] Vgl. Klauber et al. (2020) S. 48
[13] Vgl. Aline (2016) S. 9
[14] Vgl. Meusch (2014) S. 4

In P4P-Programmen sieht man allerdings nicht nur Chancen. Dem gegenüber stehen einige Risiken, die es zu bedenken gibt. P4P-Programme müssen sich auf verifizierbare Größen stützen. Tun Qualitätsaspekte dies nicht, werden diese nicht belohnt. Dadurch besteht das Risiko, dass verifizierbare Qualitäts- und Behandlungserfolgsmerkmale auf Kosten der nicht verifizierbaren Qualität geht.[15] P4P-Programme können unterschiedliche Selektionseffekte zur Folge haben. Zum einen können diese bei der Wahl der Patienten entstehen. So besteht das Risiko, dass weniger kranke Menschen bevorzugt werden, um die Performanceergebnisse zu verbessern, Patienten mit bestimmten Erkrankungen schneller an die Reihe kommen oder ohne genaue Diagnose vorschnell behandelt werden oder die Arbeit mit Patienten mit besserer Compliance bzw. das Arbeiten außerhalb sozialer Brennpunkte bevorzugt wird. Auch können Maßnahmen selektiert werden, indem nur die gemessenen Maßnahmen beachtet und andere vernachlässigt werden oder Maßnahmen aufgrund der zu erwartenden Honorierung und nicht allein aufgrund des Nutzens für den Patienten eingeleitet werden.

Ein weiteres Risiko ist ein verändertes Kodierverhalten. Ein Großteil der Verbesserungen durch P4P ist darauf zurückzuführen, dass mehr Wert auf die Dokumentation gelegt wird, ohne dass eine grundlegende und stabile Veränderung von Prozessen stattgefunden hat. Auch können gesundheitliche Beschwerden, je nachdem was höhere Leistungsvergütungen verspricht, mittels „Up- oder Down-coding" übertrieben oder geringfügiger eingestuft werden.[16][17] Dies führt gleichzeitig zum sogenannten Costshifting, einer Kostenverlagerung in andere Bereiche. So führt eine verkürzte Liegedauer in der Akutklinik bspw. zu kränkeren Patienten in der Rehabilitation und damit zu einem höheren Aufwand. Die Kosten in der Akutklinik wurden gespart, allerdings muss anschließend die Rehabilitation dafür aufkommen.

Außerdem können bestimmte Qualitätsindikatoren zu einer Absicherungsversorgung führen, bei der vorsorgliche Therapien angewandt werden, um eventuell eintretende Komplikationen zu vermeiden.

Zuletzt besteht ein Risiko im möglichen Gaming bzw. Gambling. Unternehmen denken strategisch und sind bemüht bei Vergütungsmodellen, diese optimal zu nutzen, daher

---

[15] Vgl. Breyer et al. (2013) S. 420
[16] Vgl. Veit et al. (2012) S. 35
[17] Vgl. Aline (2016) S. 9

kann P4P erhebliche Fehlanreize bewirken. Versorger könnten also versuchen ihre Möglichkeiten zur Erlössteigerung wesentlich mehr auszuschöpfen.[18]

Die derzeitigen Rahmenbedingungen ermöglichen bereits die Realisierung von Pay-for-Performance-Projekten im selektivvertraglichen und im kollektivvertraglichen Bereich und wird bereits von einigen Kostenträgern und Versorgern genutzt. Dennoch bedarf es weiterer unterstützender Maßnahmen, damit P4P mehr an Bedeutung gewinnt. Von Seiten der Politik muss klar kommuniziert werden, dass diese Vergütungsform sowohl mit exzellenten als auch defizitären Versorgern gewollt ist und als notwendig erachtet wird, denn je klarer die Perspektiven sind, desto eher werden die gebotenen Möglichkeiten von den Versorgern ergriffen. Zudem ist es für alle Beteiligten wichtig, dass die Rahmenbedingungen und Grundstrukturen für einen gewissen Zeitraum stabil bleiben und dass die Projekte langfristig beabsichtigt sind, damit diese sich darauf einstellen können. Dies muss in politischen Bestimmungen und den zu treffenden Regelungen festgehalten werden.

Eine wichtige Rahmenbedingung ist die Zugänglichkeit von Daten. P4P-Programme werden umso mehr akzeptiert, wenn entsprechende Daten zur Verfügung stehen und der damit verbundene Aufwand für alle Partner, besonders aber für die Versorgenden, gering ist. Dies kann erreicht werden, indem bereits vorhandene Routinedaten und medizinische Behandlungsdaten für die Qualitätsmessung genutzt und an einem datenschutzkonformen Ort zusammengeführt werden können, ohne dass dazu eine Einverständniserklärung von Seiten der Patienten benötigt wird. Auch hier sind gesetzliche Rahmenbedingungen so zu gestalten, dass eine Nutzung für Zwecke der Qualitäts- und Effizienzverbesserung gestattet ist, ohne dass Patienten identifiziert werden können.

Zudem sollte die Option bestehen, dass ein Versorger mit den Daten aller von ihm behandelten Patienten an P4P-Projekten teilnimmt, wenn sich dies datentechnisch angemessen realisieren lässt. Ein Problem ist es nämlich, dass Patienten von einzelnen Krankenkassen, die an P4P-Projekten teilnehmen, nur einen kleinen Teil der von einem Versorger behandelten Patienten ausmachen, was die Problematik kleiner Fallzahlen zusätzlich erhöht. Damit für Patienten mit derselben Erkrankung nicht unterschiedliche Qualitätsanforderungen erfüllt werden müssen, muss es für den

---

[18] Vgl. Veit et al. (2012) S. 35

Versorger die Möglichkeit geben, sich nur an einem P4P-Projekt zu beteiligen, wenn es bei unterschiedlichen Krankenkassen parallele P4P-Projekte gibt. In diesem Zuge wären Kooperationen von Krankenkassen für alle Beteiligten erstrebenswert. Weiterhin sollten selektivvertragliche Regelungen von beiden Seiten, also vom Kostenträger und vom Versorger, geschlossen werden können, ohne andere Versorgungssektoren integrieren zu müssen. Besonders wichtig ist, dass die bereits bestehenden Vergütungsformen um die Möglichkeit der Modulierung durch P4P-Elemente erweitert werden. Dies soll die Einführung von P4P-Projekten erleichtern und eine Umschaltung auf P4P-modulierte Vergütung sowohl im selektiv- als auch im kollektivvertraglichen Bereich ermöglichen. Außerdem muss für eine sinnvolle Integration und die Finanzierung eine adäquate Budgetbereinigung möglich sein.[19]

Pay-for-Performance ist eines der Reformthemen in der Gesundheitspolitik, dem sowohl die Politik als auch Leistungserbringer und Finanzierer aufgeschlossen gegenüberstehen, da die Akteure darauf hoffen können, sich gegenseitig zu einem beiderseitigen Vorteil zu verhelfen, vorausgesetzt es wurden angemessene Rahmenbedingungen geschaffen. Ärzte erhalten neben ihrer Vergütung aus ihrer vertragsärztlichen Tätigkeit zusätzliche Gelder, die aus den qualitätsorientierten Vergütungsanteilen resultieren. Die Krankenkassen profitieren, da die Umverteilung der vorhandenen Mittel zwischen den Leistungserbringern über den Qualitätswettbewerb zu einer qualitativ höherwertigen Versorgung und somit zukünftig zu geringeren Kosten führt. Aus Sicht der Politik sorgt der verstärkte Wettbewerb dafür, dass die Akteure des Gesundheitssystems ihre bisherigen Strukturen, an denen stark festgehalten wird, teilweise überdenken und verändern müssen. P4P trägt also dazu bei, die Ausbreitung innovative Versorgungsformen voranzutreiben und moderne Technologien besser auf den Markt zu bringen.[20] Der Patient selbst kann sich mittels der veröffentlichten Ergebnisse der Qualitätsmessung zu einem mündigen Patienten weiterentwickeln, da er nun die Möglichkeit hat, Wahlentscheidungen zu treffen.[21] Folglich gehen bei richtiger Anwendung alle Beteiligten von P4P-Programmen als Gewinner hervor.

---

[19] Vgl. Veit et al. (2012) S. 76
[20] Vgl. Amelung et al. (2013) S.14
[21] Vgl. Keller (2010) S. 91

Das Qualitätsmanagement soll eine qualitativ gute Versorgung dauerhaft sicherstellen und ist ein kontinuierlicher Prozess der Verbesserung. Die ersten Bemühungen, das Qualitätsmanagement in Krankenhäusern einzuführen sind allerdings aufgrund des fehlenden Praxisbezugs und dem daraus resultierendem Unverständnis und der Verwirrung gescheitert. Folglich wurden neue Modelle entwickelt, die die Umsetzung von Qualitätsmanagement in die Praxis deutlich erleichtert. Sie ermöglichen es, die Forderungen des SGB V nach qualitätssichernden Maßnahmen besser zu erfüllen und ein funktionierendes Qualitätsmanagementsystem in einem Krankenhaus aufzubauen.[22]

Das EFQM-Modell (European Foundation for Quality Management) ist ein branchenübergreifendes Modell und bildet die Grundlage für eine ganzheitliche Analyse der Organisation mittels einer Selbst- und Fremdbewertung. Es hat zum Ziel nicht nur dem Standard zu entsprechen, sondern mit einer exzellenten Bewertung herauszustechen, sowie Stärken und Schwächen zu analysieren und einen Handlungsbedarf zu identifizieren.[23] [24] EFQM ist ein Modell für ein umfassendes Managementsystem, dass auf die Ergebnisqualität im Managementbereich abzielt. Somit kann die gesamte Organisation inklusive der Zusammenhänge betrachtet werden. Das ermöglicht es, Zusammenhänge besser zu verstehen sowie Prozesse besser aufeinander abzustimmen und zeitlich zu reduzieren, was wiederrum Ressourcen freisetzt und Kosten spart.[25] Seine internationale Anwendung ermöglicht unterschiedliche Vergleiche. Unternehmen haben die Möglichkeit Qualitätspreise zu erlangen, was einen starken Anreiz zur Anwendung des Modells mit sich bringt, da Auszeichnungen einen Wettbewerbsvorteil bilden können. Durch die Selbstbewertung der Unternehmen hat EFQM zudem eine hohe Akzeptanz bei den Anwendern, was deren relativ günstigen Preise zusätzlich begünstigt. Im Gesundheitswesen findet dies immer mehr Anwendung, sodass in diesem Bereich die Erfahrungen stetig

---

[22] Vgl. Paula (2017) S. 157
[23] Vgl. Kuntsche und Börchers (2017) S. 119
[24] Vgl. Ertl-Wagner et al. (2009) S. 44
[25] Vgl. Delucchi und Kurz (2012)

wachsen. [26] Durch die regelmäßige Ermittlung von Stärken und Verbesserungspotenzialen und dem Ableiten von Maßnahmen wird ein gemeinsames Bewusstsein für eine kontinuierliche Weiterentwicklung gestärkt. Hinzu kommt, dass die Organisation transparent wird und lernt, schneller auf Veränderungen zu reagieren. Mithilfe des Modells können Wettbewerbsvorteile entwickelt werden, da ein gemeinsames Vokabular und eine gemeinsame Denkweise aufgebaut werden und dass nicht nur innerhalb der Organisation, sondern auch zwischen verschiedenen Organisationen. Das Modell wird regelmäßig überarbeitet und mit den neuesten Erkenntnissen aus der Praxis und der Gesellschaft aktualisiert, was die Sichtweise nicht auf einen einzelnen Forscher reduziert.[27] Durch den Top-down-Ansatz werden Visionen, Missionen, Strategien und Organisationsziele von der obersten Führungsebene definiert und auf die einzelnen Abteilungen heruntergebrochen. Somit orientieren sich alle Mitarbeiter an den gleichen Zielen.

Im Gegenzug führt die unzureichende Standardisierung und dem damit einhergehenden Handlungsspielraum, zur Überforderung der Organisationen, da diese oft den Einstieg in das Modell nicht finden und nicht wissen, wie sie Ergebnisse sichtbar machen können. Zudem zielt das EFQM-Modell nicht auf die Ergebnisqualität in der Medizin und der Angemessenheit der Leistungen ab und wird auch nicht mittels des Peer Review Verfahren bewertet, bei dem unabhängige Gutachter eine Bewertung vornehmen. Auch wenn das Modell relativ kostengünstig ist, so ist eine Kosten-Nutzen-Relation nicht evaluiert. [28] Hinzu kommt, dass das EFQM-Modell eine umfassende Veränderung der Organisation bedeutet. Es besteht das Risiko, dass die Organisation für Veränderungen, Transparenz und Selbstevaluation nicht offen ist und nicht alle Mitarbeiter für ein solches Projekt abgeholt werden können. Auch die personellen und finanziellen Investitionen können in diesem Zusammenhang eine Herausforderungen darstellen.[29]

Das Zertifizierungsverfahren KTQ (Kooperation für Transparenz und Qualität im Gesundheitswesen) wurde speziell für den Krankenhauseinsatz entwickelt und hat zum Ziel, Prozesse und Ergebnisse innerhalb der Patientenversorgung zu verbessern

---

[26] Vgl. Ärztliches Zentrum für Qualität in der Medizin (2020)

[27] Vgl. Delucchi und Kurz (2012)
[28] Vgl. Ärztliches Zentrum für Qualität in der Medizin (2020)
[29] Vgl. Delucchi und Kurz (2012)

und zu optimieren und mehr Transparenz über die Qualität von Prozessabläufen zu bieten. Es besteht aus einer Selbst- und einer Fremdbewertung auf Basis eines Kriterienkatalogs, der die Kriterien Patientenorientierung, Mitarbeiterorientierung, Sicherheit, Informationswesen, Krankenhausführung und Qualitätsmanagement umfasst. Mit der Selbstbewertung schätzen die Mitarbeiter ihre Leistungen zunächst selbst ein. Ist das Ergebnis zufriedenstellend, wird eine Fremdbewertung durch ein berufsgruppenübergreifendes und interdisziplinäres Visitorenteam durchgeführt. [30] [31] Die KTQ-Zertifizierung berücksichtigt aktuelle Innovationen im deutschen Gesundheitssystem und bietet die Chance die personellen Ressourcen durch eine verbesserte Mitarbeiterorientierung zu stärken und Mitarbeiter an das Unternehmen zu binden. Zudem bietet es eine Optimierung von internen Prozessen und folglich auch Effizienzvorteile. [32] Allerdings zielt die KZQ-Zertifizierung nicht zwingend auf medizinische Ergebnisqualität und Angemessenheit der Leistungen ab, was das Risiko ungenügender Behandlungsergebnisse oder unnötiger Untersuchungen birgt. Zudem wird die Kosten-Nutzen-Relation nicht sach- und fachgerecht bewertet und internationale Erfahrungen konnten bisher nicht gesammelt werden.[33]

Das auf dem KTQ-Modell aufbauende Zertifizierungsverfahren proCum Cert, für weltanschaulich gebundene Häuser, hat das Ziel christliche Werte in das Qualitätsmanagement einzubeziehen und in die Einrichtung zu integrieren.[34] Als Basis hierfür dient der KTQ-Katalog, welcher um weitere Qualitätskriterien erweitert wurde. Dementsprechend beinhaltet eine Zertifizierung nach proCum Cert immer auch die nach KTQ. [35]

Die DIN EN ISO 90001 beschäftigt sich mit dem systematischen Erkennen und Handhaben von Prozessen und ihren Wechselwirkungen innerhalb der Organisation. Sie vergleicht Soll-Vorgaben mit dem Ist-Wert und plant mithilfe des PDCA-Zyklus Veränderungen, sobald Abweichungen ermittelt wurden. Die DIN EN ISO 9001 setzt sich aus 8 Hauptkriterien zusammen: Anwendungsbereich, Normative Verweisungen,

---

[30] Vgl. Busse et al. (2017) S. 75
[31] Vgl. Kuntsche und Börchers (2017) S. 192
[32] Vgl. Mischo (2018) S. 438
[33] Vgl. Ärztliches Zentrum für Qualität in der Medizin (2020)
[34] Vgl. Kuntsche und Börchers (2017) S.520
[35] Vgl. Ertl-Wagner et al. (2009) S. 39

Begriffe, Anforderungen an das Qualitätsmanagementsystem, Verantwortung der Leitung, Management von Ressourcen, Produktrealisierung sowie Messung, Analyse und Verbesserung. Analysiert werden jedoch nur die letzten vier Kategorien. Möchte sich das Unternehmen zertifizieren lassen, müssen zunächst für eine Selbsteinschätzung interne Audits nach einem dokumentierten Verfahren durchgeführt werden. Anschließend wird die Normkonformität durch einen externen Auditor überprüft und bestätigt.[36] Die DIN EN ISO 9000 ff hat sich mittlerweile fest im Gesundheitswesen etabliert. Da die Norm allerdings nicht auf die Spezifikationen des Gesundheitswesens eingeht, wurde ein Standard für Einrichtungen des Gesundheitswesens, welches von der DIN EN ISO 9001 abgeleitet und als DIN EN 15224 veröffentlicht wurde, entwickelt.[37] Aufbau , Gliederung und Denkweise sind dieselben wie bei der DIN EN ISO 9001, nur dass zusätzlich zu den Anforderungen an das Qualitätsmanagement der ISO 9001 dieses Modell auch fachliche Anforderungen an die Qualität der Erstellung von Gesundheitsleistungen stellt.[38] Die DIN EN 15224 ist sehr durchstrukturiert und europaweit anerkannt, was eine Vergleichbarkeit auf internationaler Ebene ermöglicht. Zudem können mittels der Selbstbewertung die Effizienz und Effektivität der getroffenen Regelungen ständig kontrolliert werden. Sie ist trotz der von der ISO einbezogenen Begriffe sehr allgemein gehalten, was eine Anwendung in allen Einrichtungen des Gesundheitswesens ermöglicht. Allerdings ist das Konzept wenig mitarbeiterfreundlich und die Erfüllung der Anforderungen ist sehr zeitaufwendig und problematisch, da alle Geschäftsprozesse als Ganzes dargestellt werden sollen. Dies birgt das Risiko, dass die DIN EN 15224 von vornherein als Qualitätsmanagementsystem abgelehnt wird oder eine demotivierende Auswirkung auf die Mitarbeiter bei der Umsetzung hat.[39]

Die Praxis zeigt, dass die Qualitätsmanagementsysteme unterschiedliche Stärken aber auch Schwächen aufweisen. Ein Rezertifizierungs-Projekt von KTQ in den HSK Dr. Horst Schmidt Kliniken Wiesbaden zeigte deutliche Schwachstellen in der Selbstbewertung. Die zu beantwortenden Fragen wurden als sehr starr empfunden. Die Mitarbeiter kritisierten am stärksten die damit einhergehenden Unklarheiten und

---

[36] Vgl. Ertl-Wagner et al. (2009) S. 32 ff.
[37] Vgl. Kuntsche und Börchers (2017) S. 119
[38] Vgl. Hensen (2016) S. 123
[39] Vgl. Knopp und Knopp (2017)

hätten sich Schulungen oder eine Erklärung zu den Fragen gewünscht. Auch die Vielfalt und Gewichtung der Fragen wurde als negativ empfunden, was die Überlegung brachte den Fragekatalog zu verschlanken, indem die Schwerpunkte mehr auf die Phasen Check und Act gelegt werden. Auch die Gewichtung sollte umverlegt werden, indem man die Punkte Plan, Check und Act mehr Bedeutung erhalten. Bisher sind ca. 50% der Gewichtung auf den Punkt Do ausgerichtet. Dies ist zwar bei der Fremdbewertung nützlich, in der Selbstbewertung sollte das Do allerdings nicht so viel Raum einnehmen. Die Fremdbewertung sollte sich nicht nur auf das gesamte Krankenhaus, sondern auch auf einzelne Teilbereiche beziehen, um den Mitarbeitern der jeweiligen Bereiche einen Anreiz zu bieten, Verbesserungen zu entwickeln. Hinzu kommt, dass es keine Kennzahlen gibt, die die Qualität der Ergebnisse und der Prozesse messbar machen. Im Gegenzug deckt KTQ aber auch in einem gut funktionierenden Krankenhaus noch Verbesserungspotenziale auf, die sich bereits in der Vorbereitung zeigen. Des Weiteren bildet KTQ eine gute Basis für eine offene Fehlerkultur und die Förderung von Transparenz im Unternehmen.[40]

Dem EFQM dagegen fehlt der Schwerpunkt auf Human Ressources. Qualifikationen und Kompetenzen der Mitarbeiter werden so gut wie gar nicht überprüft, obwohl im Gesundheitswesen – besonders bei ausgewählten Heilberufen – eine Fortbildungspflicht existiert, um die qualitätsgesicherte Versorgung von Patienten zu erhalten und kontinuierlich zu aktualisieren. Zudem sind viele Begriffe nur vage formuliert oder nicht ausreichend definiert. Hier spricht das LVR-Klinikum Essen – eine psychiatrische Einrichtung – speziell das Prinzip der dualen Leitung an und empfiehlt, die Rollenbeschreibungen von Führungskräften auf Stations- und Abteilungsebene zu verfeinern, Verantwortungen klar zu benennen und Zuständigkeiten sowie Befugnisse festzulegen. Des Weiteren müssen in der Selbstbewertung sehr viele Daten erhoben werden, die wenig relevant für die Steuerung und Weiterentwicklung der Organisation sind, weshalb das LVR-Klinikum Essen die Entwicklung eines Mindestkennzahlensets empfiehlt, welches sich auf einige wenige Kennzahlen beschränkt, die auf Routinedaten basieren, steuerungsrelevant und zukunftsfähig sind. Allerdings ist das EFQM-Modell sehr gut für eine erfolgreiche Organisationsentwicklung und Unternehmenssteuerung geeignet, da es kompatibel für weitere Managementinstrumente ist. Das KTQ dagegen fragt nur starre Kriterien und deren

---

[40] Vgl. Lorel et al. (2007) S. 107

Erfüllung ab, was die Entwicklung nicht fördert. Hinzu kommt, dass das EFQM-Modell sehr flexibel ist, was eine Ausrichtung auf spezifische Anforderungen wie sie bspw. in der Psychiatrie existieren, möglich macht.[41]

Eine wesentliche Stärke der DIN EN 15224 ist die starke Prozessorientierung, bei der die Tätigkeiten mit samt ihren Abläufen und Abhängigkeiten untereinander betrachtet werden, sowie die Orientierung an den Anforderungen des Kunden, womit eine stetige Verbesserung der eigenen Leistung erreicht werden soll. Ebenso ermöglicht die DIN EN 15224 genau wie beim EFQM-Modell, die Ausrichtung auf spezifische Einrichtungen. Hinzu kommt, dass z.B. Krankenhäuser die Möglichkeit haben einzelne Abteilungen/ Kliniken unabhängig von der restlichen Klinik zertifizieren zu lassen. Als Schwäche kann jedoch der sehr große Aufwand betrachtet werden, der mit der Einführung einhergeht, da mit der Erbringung der Qualitätsmerkmale, auf die Krankenhäuser eine Vielzahl an Umstrukturierungen und Herausforderungen zukommen. Die hauptsächliche Schwäche der DIN EN ISO 9001, dass das Instrument nicht für das Gesundheitswesen geeignet ist, wurde mit der DIN EN 15224 ausgebessert.

---

[41] Vgl. Möller et al. (2018) S. 85

Literaturverzeichnis

Aline, Dragosits (2016): Pay-for-Performance im Gesundheitswesen. Wissenschaftliche Evidenz zur Wirksamkeit. 3. Aufl.: Hauptverband der österreichischen Sozialversicherungsträger.

Amelung, Volker; Jensen, Sören; Krauth, Christian; Wolf, Sascha (2013): Pay-for-Performance: Märchen oder Chance einer qualitätsorientierten Vergütung? In: *G + G Wissenschaft* 2013 (2), S. 4–40. DOI: 10.1515/9783110924992-003.

Ärztliches Zentrum für Qualität in der Medizin (Hg.) (2020): 12 QM-Darlegungs-/Zertifizierungs-Systeme. Online verfügbar unter https://www.aezq.de/aezq/kompendium_q-m-a/12-qm-darlegungs-zertifizierungs-systeme/#9, zuletzt aktualisiert am 12.02.2022, zuletzt geprüft am 12.02.2022.

Bechtel, Peter; Smerdka-Arhelger, Ingrid; Lipp, Kathrin (2017): Pflege im Wandel gestalten – Eine Führungsaufgabe. Berlin, Heidelberg: Springer Berlin.

Biber, Christian (2010): Implementierungsstrategien klinischer Pfade. Barrierenorientierte Interventionen am Beispiel "proximale Feburfraktur". Marburg: Phillips-Universität Marburg. Online verfügbar unter https://archiv.ub.uni-marburg.de/diss/z2010/0548/pdf/dfcb.pdf, zuletzt geprüft am 22.01.2022.

Breyer, Friedrich; Zweifel, Peter; Kifmann, Mathias (2013): Gesundheitsökonomik. Berlin, Heidelberg: Springer.

Busse, Reinhard; Schreyögg, Jonas; Stargardt, Tom (2017): Management im Gesundheitswesen. Berlin, Heidelberg: Springer.

Delucchi, Libero; Kurz, Rebekka (2012): Das EFQM-Modell: Chancen, Risiken und Nebenwirkungen. Bern: Berner Fachhochschule.

Ertl-Wagner, Birgit; Steinbrucker, Sabine; Wagner, Bernd C. (2009): Qualitätsmanagement & Zertifizierung. Praktische Umsetzung in Krankenhäusern, Reha-Kliniken und stationären Pflegeeinrichtungen ; mit 22 Tabellen. Heidelberg: Springer Medizin (Erfolgskonzepte Praxis- & Krankenhaus-

Management). Online verfügbar unter http://www.socialnet.de/rezensionen/isbn.php?isbn=978-3-540-89084-3.

Greiling, Michael (2003): Pfade durch das Klinische Prozessmanagement. Methodik und aktuelle Diskussionen. 1. Aufl. s.l.: Kohlhammer Verlag. Online verfügbar unter http://www.content-select.com/index.php?id=bib_view&ean=9783170265394.

Haller, Sabine (2017): Dienstleistungsmanagement. Wiesbaden: Springer Fachmedien.

Hensen, Peter (2016): Qualitätsmanagement im Gesundheitswesen. Wiesbaden: Springer Fachmedien.

Keller, Tobias (2010): Der "pay for performance"-Ansatz. Ein Weg zu mehr Versorgungsqualität und Patientenzufriedenheit im deutschen Krankenhauswesen. Hamburg: Diplomica Verlag.

Klauber, Jürgen; Geraedts, Max; Friedrich, Jörg; Wasem, Jürgen; Beivers, Andreas (2020): Krankenhaus-Report 2020. Berlin, Heidelberg: Springer.

Knopp, Eberhard; Knopp, Jan (Hg.) (2017): Qualitätsmanagement in der Arztpraxis. Leitfaden für ein schlankes QM-Hndbuch - auch geeignet für DIN EN 15224 (ISO 9001) und QEP. 3. Aufl. Stuttgart: Georg Thieme Verlag.

Kuntsche, Peter; Börchers, Kirstin (2017): Qualitäts- und Risikomanagement im Gesundheitswesen. Berlin, Heidelberg: Springer.

Lasch, Rainer (2021): Strategisches und operatives Logistikmanagement: Prozesse. Wiesbaden: Springer Fachmedien.

Lorel, Wolfram; Anders, Heike; Dintelmann, Yvonne (2007): KTQ-Verfahren lässt sich noch verbessern. Erfahrungen aus einem Rezertifizierungs-Projekt. In: *Krankenhaus Umschau* (2). Online verfügbar unter https://www.zeq.de/fileadmin/upload/pdf/publikationen/kunden/KU02-2007_KTQ-Verfahren-laesst-sich-noch-vereinfachen_070210.pdf, zuletzt geprüft am 15.03.2022.

Lorenz, Daniel (2006): Klinische Behandlungspfade als Instrumente des Prozessmanagements im Krankenhaus. Stuttgart: Universität Witten/Herdecke. Online verfügbar unter https://docplayer.org/9398829-Klinischebehandlungspfade-als-instrumente-des-prozessmanagements-im-krankenhaus.html, zuletzt geprüft am 17.01.2022.

Meusch, Andreas (2014): Qualitätswettbewerb: Kulturwandel durch Pay for Performance (P4P)? In: *IMPLICONplus -Gesundheitspolitische Analysen -* 10/2014 (2199-4986).

Mischo, Josef (2018): Qualitätsmanagement im Krankenhaus - Quo vadis? Patientenorientierung im Spannungsfeld zwischen GBA-Richtlinien, Zertifizierung und Ökonomie. In: *das Krankenhaus* 5.2018. Online verfügbar unter https://www.ktq.de/fileadmin/media/Pressespiegel/dasKrankenhaus_05_2018_Mischo.pdf, zuletzt geprüft am 09.03.2022.

Möller, Jochen; Splett, Jane E.; Lohmanns, Brigitte; LVR-Klinik Mönchengladbach (2018): Nachhaltig erfolgreich - mit Organisationsentwicklung. Entwicklung eines psychiatriespezifischen QM-Systems auf der Basis des EFQM-Modells. Köln. Online verfügbar unter https://klinikum-essen.lvr.de/media/klinikum_essen/ueber_uns_1/Bericht_Entwicklung_psych_Q M_Basis_EFQM.pdf, zuletzt geprüft am 18.03.2022.

Paula, Helmut (2017): Patientensicherheit und Risikomanagement in der Pflege. Berlin, Heidelberg: Springer.

Roeder, Norbert (Hg.) (2007): Klinische Behandlungspfade. Mit Standards erfolgreicher arbeiten ; mit 4 Tabellen. Köln: Dt. Ärzte-Verl. Online verfügbar unter http://bvbr.bib-bvb.de:8991/F?func=service&doc_library=BVB01&doc_number=015681661&lin e_number=0002&func_code=DB_RECORDS&service_type=MEDIA.

Rogowski, Wolf (2020): Management im Gesundheitswesen. Wiesbaden: Springer Fachmedien.

Schmid, Maximilian (2022): Behandlungspfad. Online verfügbar unter https://www.bindoc.de/glossar/behandlungspfad, zuletzt aktualisiert am 10.01.2022, zuletzt geprüft am 12.01.2022.

Schurr, Michael (2007): Unternehmen Arztpraxis - Ihr Erfolgsmanagement. Aufbau - Existenzsicherung - Altersvorsorge (Erfolgskonzepte Praxis- & Krankenhaus-

Management) (German Edition). Dordrecht: Springer (Erfolgskonzepte Praxis- & Krankenhaus-Management). Online verfügbar unter http://gbv.eblib.com/patron/FullRecord.aspx?p=417136.

Thielscher, Christian (2015): Medizinökonomie 1. Das System der medizinischen Versorgung. 2. Aufl. Wiesbaden: Springer Fachmedien.

Veit, Ch.; Hertle, D.; Bungard, S.; Trümmer, A.; Ganske, V.; Meyer-Hofmann, B. (2012): Pay-for-Performance im Gesundheitswesen: Sachstandsbericht zu Evidenz und Realisierung sowie Darlegung der Grundlagen für eine künftige Weiterentwicklung. Ein Gutachten im Auftrag des Bundesministeriums für Gesundheit. In: *BQS - Institut für Qualität und Patientensicherheit.*

Zapp, Winfried; Ahrens, John (2017): Von der Prozess-Analyse zum Prozess-Controlling. Wiesbaden: Springer Fachmedien.